AF242967

LETTRE D'UN ÉLECTEUR

A UN DÉPUTÉ

DE L'APPEL AU PEUPLE

MARS 1876

Prix : 50 centimes

PARIS

E. LACHAUD ET Cie, ÉDITEURS

4, PLACE DU THÉATRE-FRANÇAIS, 4

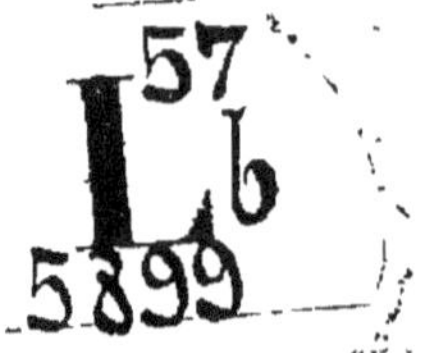

LETTRE D'UN ÉLECTEUR

A UN DÉPUTÉ

DE L'APPEL AU PEUPLE

MARS 1876

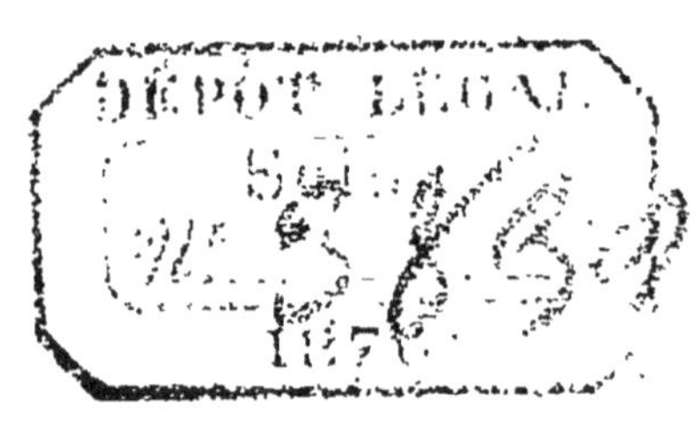

PARIS

E. LACHAUD ET Cie, ÉDITEURS

4, PLACE DU THÉATRE-FRANÇAIS, 4

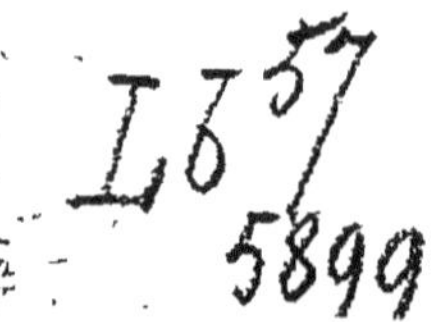

LETTRE D'UN ÉLECTEUR

A UN DÉPUTÉ DE L'APPEL AU PEUPLE

Mars 1876

*** le 16 mars 1876.

Mon cher Ami,

Je n'ai pas besoin de vous dire combien je suis personnellement heureux du succès de votre candidature et de voir notre circonscription représentée à la nouvelle Chambre des députés par un homme comme vous, fidèle interprète de nos sentiments.

Nous savons nous souvenir des bienfaits que l'Empire a répandus sur nous, et c'est sans grande illusion que nous voyons notre pauvre France faire, pour la troisième fois déjà, depuis moins d'un siècle, l'expérience du gouvernement qui a, malheureusement, toujours été l'étiquette des désastres qu'elle a subis.

Depuis les dernières élections, il est incontestable qu'un malaise pénible semble peser sur tous les esprits en France ; les vainqueurs eux-mêmes, les Répubicains, malgré les triomphantes élucubrations de la *République Française* et autres organes de leur parti, ne paraissent pas, au fond, jouir d'un bonheur absolument sans mélange. La fine fleur des radicaux serait fort tentée de se montrer violente dès le début ; mais, nous devons bien le reconnaître, elle est, d'autre part, trop intelligente pour briser sitôt les vitres.

Le concours des Républicains modérés, plus nombreux dans la Chambre que les radicaux, n'est assuré à ces derniers qu'autant qu'ils ne toucheront pas tout d'abord à ce que les moins exaltés du parti tiennent à conserver, c'est-à-dire, à l'ordre matériel qui,

pour de trop nombreux utopistes, paraît encore compatible avec la pente sur laquelle
nous sommes menacés de glisser en ce moment.

Au risque de vous paraître optimiste, je
vous avouerai très-franchement que, pour
ma part, je ne vois peut-être pas l'avenir
aussi en noir que bien d'autres. A mon avis,
si la situation est compromise, gravement
même, je vous l'accorde, il me semble du
moins permis d'espérer qu'elle n'est pas
perdue ; tout inquiétante qu'elle est, elle se
trouve simplifiée en ce sens que nous
n'avons plus devant nous que deux issues
à prévoir : l'Empire et la République. Je
ne mentionne que pour mémoire les quel-
ques légitimistes de la nouvelle Chambre ; à
défaut d'avenir, ce parti repose, pourtant,
sur des principes qui, pour être d'un autre
temps et avoir à tout jamais sombré dans la
tourmente révolutionnaire, n'en ont pas
moins donné à la France plusieurs siècles
de grandeur ; mais ce dont il me paraît permis de se réjouir sincèrement, c'est d'être

enfin débarrassés des orléanistes, de ces princes français qui, au lendemain de nos malheurs, n'ont su rentrer dans leur pays que pour s'y faire donner de l'argent et des grades dans l'armée, et, à leur suite, de ces pseudo-parlementaires assez souples pour prendre indifféremment tous les masques, mais aussi assez naïfs pour se croire des racines dans le pays, qu'ils voient aujourd'hui désabusé et écœuré du triste spectacle de compromis, de défections, d'alliances douteuses et de trahisons, auxquelles ils le font assister depuis trop longtemps.

Nous ne sommes très-probablement pas menacés, dans un avenir prochain, d'une catastrophe matérielle ; l'ordre, il faut du moins l'espérer, nous est garanti pour quatre ans, pour la durée des pouvoirs présidentiels du Maréchal, qui ne faillira pas à la tâche pénible dont son patriotisme seul lui a fait accepter la lourde charge; mais si, en ce moment, une nouvelle Commune est impossible ; si les armes, si les moyens matériels d'action font défaut aux ennemis de la société, nous avons sérieusement à craindre un danger bien plus grand encore, nous sommes menacés d'arriver légalement et, à bref délai, au pire état social auquel nous arriverions sans secousse et lentement, sûrement, par conséquent.

Le Ministère constitué ces jours derniers, est, en deux mots, la revanche du 24 mai, c'est une demi-mesure et, à ce titre, je le crains bien, une nouvelle faute. Au point où nous en sommes, pour me servir d'une expression vulgaire mais qui rend ma pensée, il fallait, ce me semble, prendre le taureau par les cornes. Rien ne vaut une situation franche. Quel risque le Maréchal courait-t-il en faisant demander M. Gambetta pour lui tenir ce langage : « Vous êtes le héros du « jour, le *leader* de la nouvelle Chambre; eh « bien ! je fais appel à votre patriotisme et « vous charge de constituer un Cabinet qui « soit la consécration de votre victoire d'hier; « vous seul êtes aujourd'hui en situation de « me désigner les hommes les plus propres

« à inaugurer l'ère politique dans laquelle
« nous entrons. »

Ledit M. Gambetta, qui, récemment encore, prêchait la modération à Bordeaux, eût
été, sans doute, singulièrement embarrassé
d'une semblable proposition et n'eût pu que
la décliner. Il se trouvait ainsi forcément
acculé dans ses derniers retranchements et
ne tardait pas à être renié par les siens.
Belleville ne voyait bientôt plus en lui qu'un
traître !... En présence d'un refus de sa part,
le Maréchal ne pouvait que lui répondre :
« Vous vous déclarez dans l'impossibilité de
« constituer un Cabinet, vous reculez de-
« vant une responsabilité qui, à votre défaut,
« m'incombe. Vous ne croyez pas, dans votre
« for intérieur, le moment venu et me dites
« implicitement ne pouvoir gouverner avec
« un Ministère pris dans la gauche; nous
« traversons une crise dont vous vous
« avouez incapable de sortir, je dois donc
« accomplir la tâche que vous n'acceptez
« pas et je choisis moi-même mon Ministère,
« que je compose d'éléments diamétralement

« opposés à ceux que vous auriez choisis.
« Vous aviez des succès acquis, une force
« assurée pour engager la lutte, vous refusez
« néanmoins le combat : mon devoir est tout
« tracé. »

Il y avait là, mon cher ami, une issue possible, et le Maréchal évitait le reproche de faire de la politique de force, reproche qui, d'ailleurs, lui eût-il été fait, ne l'eût assurément pas atteint.

Mais cela n'a pas été fait et, en toutes circonstances, le plus simple et le plus pratique est, sans regarder en arrière, de partir d'où l'on est. Que pensez-vous qu'il reste à faire à nos amis ? S'ils n'ont pas pour eux le nombre, ils comptent, du moins, dans leurs rangs des orateurs du plus haut mérite, des hommes rompus aux affaires.

Au chemin parcouru depuis 1871 par les partisans de l'Appel au peuple, on peut juger de la situation prépondérante à laquelle ils sont appelés dans la nouvelle Chambre, s ils restent unis. Le petit nombre des conservateurs siégeant à leurs côtés les trouvera toujours fidèles à leur principe, inaccessibles aux sympathies comme aux aspirations étrangères aux nôtres, mais aussi les plus fermes soutiens de la conservation sociale.

Une minorité dans ces conditions est bien forte et n'oublions pas tout ce qu'elle peut pour préparer le terrain pendant quatre ans à des successeurs, auxquels incombera la mission glorieuse de rendre la France à elle-même par un appel à la nation, appel dont sortira, il n'en faut pas douter, une solennelle manifestation de la volonté nationale en faveur du rétablissement de l'Empire, que ses ennemis savent critiquer et surtout insulter, mais non remplacer.

Agréez, mon cher ami, l'assurance de mes sentiments bien dévoués.

***

Paris. — Imp. Richard-Berthier, 18-19, pass. de l'Opéra